BEI GRIN MACHT SICH IHR WISSEN BEZAHLT

- Wir veröffentlichen Ihre Hausarbeit, Bachelor- und Masterarbeit

- Ihr eigenes eBook und Buch - weltweit in allen wichtigen Shops

- Verdienen Sie an jedem Verkauf

Jetzt bei www.GRIN.com hochladen und kostenlos publizieren

Ines Träder

Arbeitsrechtliche Anforderungen an eine Kündigung aus Gründen in der Person des Arbeitnehmers

Grundlegendes zur personenbezogenen Kündigung

GRIN Verlag

Bibliografische Information der Deutschen Nationalbibliothek:

Die Deutsche Bibliothek verzeichnet diese Publikation in der Deutschen National-
bibliografie; detaillierte bibliografische Daten sind im Internet über http://dnb.d-
nb.de/ abrufbar.

Impressum:

Copyright © 2008 GRIN Verlag, Open Publishing GmbH
Druck und Bindung: Books on Demand GmbH, Norderstedt Germany
ISBN: 978-3-640-71283-0

Dieses Buch bei GRIN:

http://www.grin.com/de/e-book/156617/arbeitsrechtliche-anforderungen-an-eine-
kuendigung-aus-gruenden-in-der

Ines Träder

Referat

Thema:

Arbeitsrechtliche Anforderungen an eine Kündigung aus Gründen in der Person des Arbeitnehmers

Referat, vorgelegt zum Modul PER06

Dresden, 7. Oktober 2008

Inhaltsverzeichnis

1. Problemstellung und Zielsetzung dieser Arbeit................................... 1

2. Begriffsbestimmungen.. 1

   2.1 Die Kündigungsgründe nach § 1 Absatz 2 Kündigungsschutzgesetz -
   Abgrenzungen 1

   2.2 Kurzcharakterisierung der personenbedingten Kündigung.................... 2

3. Die personenbedingte Kündigung 3

   3.1 Allgemeine Voraussetzungen... 3

   3.2 Generelles besonderes Vorgehen.. 4

      3.2.1 Grundsätze zur Prüfung im Einzelfall............................... 4

      3.2.2 Spezielles Prüfungsschema 6

   3.3 Ausgewählte Kündigungsgründe.. 10

   3.4 Mögliche Kündigungsarten.. 11

4. Schlussbemerkungen/Fazit 12

Literaturverzeichnis 14

1. Problemstellung und Zielsetzung dieser Arbeit

Zweck des Kündigungsschutzgesetzes (KSchG) ist der Schutz des Arbeitnehmers vor sozial ungerechtfertigten Kündigungen. Im § 1 Absatz 2 KSchG steht dazu: „Sozial ungerechtfertigt ist die Kündigung, wenn sie nicht durch Gründe, die in der Person oder in dem Verhalten des Arbeitnehmers liegen, oder durch dringende betriebliche Erfordernisse, die einer Weiterbeschäftigung des Arbeitnehmers in diesem Betrieb entgegenstehen, bedingt ist."[1]

Im Rahmen dieser Arbeit geht es um die Kündigung des Arbeitgebers gegenüber dem Arbeitnehmer, die in der Regel anspruchsvolleren Voraussetzungen als der des Arbeitnehmers genügen muss. Ziel der folgenden Ausführungen ist es, die grundsätzlichen arbeitsrechtlichen Anforderungen an den Arbeitgeber zum Ausspruch und zur Wirksamkeit einer personenbedingten Kündigung darzulegen und zu erläutern. Es geht um die Fragen, welche Grundlagen für ihre soziale Rechtfertigung gegeben sein müssen und wann eine solche Kündigung möglich ist.

2. Begriffsbestimmungen

2.1 Die Kündigungsgründe nach § 1 Absatz 2 Kündigungsschutzgesetz - Abgrenzungen

Nach § 1 Absatz 2 Kündigungsschutzgesetz darf der Arbeitgeber dem Arbeitnehmer aus dringenden betrieblichen, verhaltens- und personenbedingten Gründen kündigen. Diese Gründe werden im Folgenden kurz erläutert und gegeneinander abgegrenzt. Dabei wird die Kenntnis des Begriffs der Kündigung vorausgesetzt.

Kündigungen aus dringenden betrieblichen Erfordernissen entstammen dem Verantwortungsbereich des Arbeitgebers. Durch dieses Kriterium grenzen sie sich von den Kündigungsgründen im Verhalten oder in der Person des

---

[1] Richardi, Reinhard, Arbeitsgesetze, 2002, Seite 120

1

Arbeitnehmers ab, da diese immer im Verantwortungsbereich des Arbeitnehmers selbst liegen.

Eine verhaltensbedingte Kündigung setzt ein steuerbares (schuldhaftes/ vertragswidriges) Verhalten des Arbeitnehmers voraus. Dies ist zum Beispiel (z. B.) der Fall, wenn der Arbeitnehmer unerlaubt/unentschuldigt der Arbeit fernbleibt (ohne Urlaubsschein, ohne Krankenschein). Hierin liegt der Unterschied zur personenbedingten Kündigung, die in der Regel kein steuerbares Verhalten für die Nicht- oder Mindererfüllung der Vertragsleistung zum Inhalt hat (z. B. Arbeitsunfähigkeit aufgrund nachhaltiger nachgewiesener Krankheit).

Die Kündigungsgründe in der Person des Arbeitnehmers liegen damit immer im Verantwortungsbereich des Arbeitnehmers und können in der Regel nicht von ihm beeinflusst werden.[2]

2.2 Kurzcharakterisierung der personenbedingten Kündigung

Bei der personenbezogenen Kündigung ist die Vertragserfüllung durch persönliche Fähigkeiten, Eigenschaften oder nicht vorzuhaltende Einstellungen nicht mehr möglich. Diese persönlichen Voraussetzungen, die meist kein Verschulden im Sinne einer Vorwerfbarkeit darstellen, bedingen die Vertragsstörung.[3] Daraus ergibt sich, dass die personenbedingte Kündigung größtenteils eine ordentliche Kündigung ist, da der wichtige Grund für eine außerordentliche Kündigung, der in der Regel auf einem Verschulden des Arbeitnehmers basiert, nicht gegeben ist.[4]

Die fehlende Fähigkeit oder Eignung des Arbeitnehmers zur arbeitsvertraglichen Aufgabenerfüllung muss nachhaltig und im großen Ausmaß vorhanden sein.[5] Zwischen dem durchschnittlichen Anforderungsprofil des Arbeitsplatzes und dem persönlichen Leistungsprofil des Arbeitnehmers muss eine erhebliche Differenz vorliegen. Dies kann durch objektive Mängel,

---

[2] vgl. Bundschuh, Peter, Thies, Kathrin, Die personenbedingte Kündigung, 2007, Seiten 14f.
[3] vgl. Büdenbender, Ulrich, Strutz, Hans, Gabler Kompakt-Lexikon Personal, 2005, Seiten 228f.
[4] vgl. Berkowsky, Wilfried, Die personen- und verhaltensbedingte Kündigung, 2005, Seite 29
[5] vgl. BAG 10.10.2002 – 2AZR 472/01, NZA 2003, 483 in Bundschuh, P., Thies, K., Die personenbedingte Kündigung, 2007, S. 16

z. B. fehlender Führerschein eines Kraftfahrers, oder subjektive Mängel aufgrund fehlender oder mangelnder körperlicher, geistiger, fachlicher bzw. charakterlicher Eignung bedingt sein.[6]

3. Die personenbedingte Kündigung

3.1 Allgemeine Voraussetzungen

Der gesetzliche Kündigungsschutz nach KSchG gilt grundsätzlich für Arbeitnehmer in Betrieben und Verwaltungen mit mehr als 10 Arbeitnehmern inklusive der Auszubildenden (§ 23 Absatz 1 KSchG), die mindestens 6 Monate im Unternehmen ohne Unterbrechung tätig sind (§ 1 Absatz 1 KSchG). Darüber hinaus gibt es in den arbeitsrechtlichen Schutzbestimmungen Regelungen für besonderen Kündigungsschutz in bestimmten Situationen, beispielsweise für Behinderte, Schwangere und Mütter. Eine Kündigung ist dann an zusätzliche Bedingungen für den Arbeitgeber – wie z. B. bei Schwerbehinderten an die Zustimmung des Integrationsamtes – gekoppelt. Diese Arbeitnehmer sind auch dann geschützt, wenn sie nicht die Bedingungen des Kündigungsschutzgesetzes erfüllen.

In einigen Fällen sind jedoch ordentliche Kündigungen aufgrund gesetzlicher, tariflicher oder betrieblicher bzw. einzelvertraglicher Regelungen ausgeschlossen; hier kann aber bei Vorliegen eines wichtigen Grundes die Möglichkeit der außerordentlichen Kündigung – größtenteils mit sozialer Auslauffrist - bestehen. Dies kann z. B. bei Unkündbarkeitsregelungen im Tarifvertrag der Fall sein.[7]

Grundsätzlich gelten die Voraussetzungen und formalen Anforderungen an die Kündigung im Allgemeinen (§§ 620 – 625 BGB), die außerordentliche Kündigung im Besonderen (§§ 626, 627 BGB) bzw. an eine Änderungs-kündigung. Vor jeder Kündigung ist ein im Unternehmen vorhandener Betriebsrat/ Personalrat ausreichend zu unterrichten und zu hören; dies gilt auch für Arbeitnehmer, die noch nicht unter das Kündigungsschutzgesetz fallen.

---

[6] vgl. Bundschuh, Peter, Thies, Kathrin, Die personenbedingte Kündigung, 2007, Seite 16
[7] vgl. Bundschuh, Peter, Thies, Kathrin, Die personenbedingte Kündigung, 2007, Seiten 13f.

Findet – trotz ausreichender Unterrichtung - keine Anhörung statt, ist die Kündigung nach Betriebsverfassungsgesetz (BetrVG) nicht wirksam. Hierfür gelten die Voraussetzungen nach § 102 BetrVG. Der Betriebsrat/Personalrat hat ein Mitspracherecht gegenüber dem Arbeitgeber und kann seine Bedenken äußern oder Widerspruch innerhalb bestimmter Fristen einlegen; allerdings ist seine Zustimmung keine Voraussetzung für den Ausspruch der Kündigung.

3.2   Generelles besonderes Vorgehen[8]

3.2.1 Grundsätze zur Prüfung im Einzelfall

Neben den grundsätzlichen Voraussetzungen für Kündigungen sind besondere Anforderungen für die Durchsetzbarkeit der personenbedingten Kündigung notwendig. Alle der nachstehenden Punkte müssen für sie sprechen, sofern die Kündigung wirksam ausgesprochen werden soll.

⇨ Ursache und Verantwortlichkeit der Leistungsstörung

Die Ursache für die mangelnde bzw. nicht vorhandene Fähigkeit oder Eignung des Arbeitnehmers zur Vertragserfüllung ist für den personenbezogenen Kündigungsgrund erst einmal grundsätzlich nicht relevant und es spielt keine Rolle, ob er an dieser Situation, z. B. aus Eigeninitiative, etwas ändern kann. Es ist zunächst auch unerheblich, ob ein eventuelles Verschulden für die mangelnde Leistungsfähigkeit in den Bereich des Arbeitgebers oder des Arbeitnehmers fällt.

Die Leistungsstörung stellt den Kündigungsgrund dar.

Erst im Rahmen der später durchzuführenden Interessenabwägung sind die Umstände von fehlender persönlicher Eignung und Fähigkeiten zu prüfen. Je nachdem, ob die Ursache bzw. Verantwortlichkeit für die Leistungsstörung aus dem Bereich des Arbeitnehmers oder Arbeitgebers stammen, können die Interessen zugunsten der einen oder anderen Partei ausgelegt bzw. gewertet werden.

---

[8] vgl. Bundschuh, Peter, Thies, Kathrin, Die personenbedingte Kündigung, 2007, Seiten 17ff.

⇨ Abmahnung

Abgrenzungen zwischen personen- und verhaltensbedingten Leistungsstörungen können schwierig sein. Oft ist nicht sofort ersichtlich, auf welchen
Gründen die mangelnde Vertragserfüllung beruht. So ist es besser, dem
Arbeitnehmer im Zweifelsfall vorsorglich eine Abmahnung auszusprechen, um
dann beim tatsächlichen Vorliegen von verhaltensbedingten Eignungsmängeln
mit weiteren Rechtsmitteln agieren zu können.

Aber auch bei der personenbedingten Kündigung kann ausnahmsweise eine
Abmahnung (oder zumindest ein Hinweis) als Voraussetzung für eine
personenbedingte Kündigung erteilt werden, sofern es sich um steuerbare,
behebbare (aber nicht schuldhafte) Eignungsmängel des Arbeitnehmers
handelt. Dies ist zum Beispiel der Fall, wenn der Arbeitnehmer eine den
Leistungsmangel behebende Fortbildungsveranstaltung nicht besucht. Auch im
Interessenausgleich kann dieser Sachverhalt Berücksichtigung finden.

⇨ Weiterbeschäftigungsmöglichkeit

Sofern der Arbeitnehmer auf einem anderen Arbeitsplatz weiterbeschäftigt
werden kann, für den er geeignet ist, darf keine personenbezogene Kündigung
ausgesprochen werden. Dem Arbeitgeber ist es dabei nicht gestattet, einen
solchen vorhandenen Arbeitsplatz kurzerhand anderweitig zu besetzen. Eine
andere Weiterbeschäftigungsmöglichkeit kann darin bestehen, Arbeitsplätze zu
tauschen, wenn dies für beide betreffenden Arbeitnehmer zumutbar ist.
Zu beachten ist, dass ein im Unternehmen vorhandener Betriebsrat/Personalrat
nach § 99 BetrVG ein Mitspracherecht bei Personalveränderungen
(beispielsweise bei Umgruppierungen, Umsetzungen) hat. Handelt es sich um
eine Versetzungsmaßnahme nach § 95 Absatz 3 oder § 99 Absatz 1 BetrVG ist
sogar seine Zustimmung erforderlich. Wird sie nicht erreicht, so kann sich der
Arbeitgeber jedoch darauf berufen, dass nur die Maßnahme der
personenbezogenen Kündigung zur Verfügung steht (§ 99 Absatz 4 BetrVG).

⇨ Sozialauswahl

Die Sozialauswahl nach § 1 Absatz 3 KSchG gilt nur für betriebsbedingte Kündigungen und kommt bei personen- und verhaltensbedingten Kündigungen nicht zum Tragen, da die Leistungsstörung hier im Bereich des Arbeitnehmers und nicht in dem des Betriebes liegt.

⇨ Beurteilungszeitpunkt

Maßgeblich für die Wirksamkeit der Kündigung ist ihr Zeitpunkt des Zugangs. So ist z. B. das Beseitigen der Leistungsstörung oder die Bereitschaft hierzu nach Kündigungsausspruch unerheblich.

⇨ Wiedereinstellungsanspruch

Von der Rechtsprechung wurde zum nachträglichen Schutz des Arbeitnehmers bei betriebsbedingten Kündigungen ein Wiedereinstellungsanspruch entwickelt. „Voraussetzung ist, dass sich die Wiederbeschäftigungsmöglichkeit zwischen dem Ausspruch der Kündigung und dem Ablauf der Kündigungsfrist ergibt."[9] Ob dieser Wiedereinstellungsanspruch auch für personenbezogene Kündigungen zutrifft, ist laut Literatur nicht klar. Möglicherweise kann dieser Anspruch Anwendung finden, wenn von einer Beseitigung der fehlenden Eignung oder Fähigkeit sicher auszugehen ist. Anderenfalls kann dem Arbeitgeber eine erneute Einstellung des Arbeitnehmers nicht zugemutet werden.

3.2.2 Spezielles Prüfungsschema

Die soziale Rechtfertigung für die Aussprache der Kündigung in der Person des Arbeitnehmers erfolgt in drei Schritten, die aufeinander aufbauen. Trifft auch nur eine dieser Stufen nicht zu, so ist die personenbedingte Kündigung nicht wirksam.

---

[9] BAG vom 28.6.2000, 7 AZR 904/98, AP Nr. 6 zu § 1 KSchG 1969 Wiedereinstellung in Bundschuh, Peter, Thies, Kathrin, Die personenbedingte Kündigung, 2007, Seite 24

a) Stufe 1: Negative Prognose

Die in der Person des Arbeitnehmers liegenden Mängel bezüglich der persönlichen Eignung oder Fähigkeit zur vereinbarten Vertragserfüllung müssen auf „objektiven Tatsachen und Umständen zum Zeitpunkt der Kündigung"[10] beruhen, die auch künftig zu erwarten sind. Diese Voraussetzung ist vor allem bei objektiven Eignungsmängeln wie z. B. dem endgültigen Führerscheinverlust eines Kraftfahrers gegeben. Bei subjektiven Eignungs- mängeln ist oft eine tiefergehende Prüfung mit weiteren Darlegungen dahingehend notwendig, dass zu erwarten ist, dass die subjektiven Eignungsmängel nachhaltig sind bzw. eine diesbezügliche Wiederholungs- gefahr besteht. Hier spielen insbesondere Langzeiterkrankungen bzw. ständige Wiederholungserkrankungen eine Rolle.

b) Stufe 2: Erhebliche Beeinträchtigung betrieblicher und wirtschaftlicher Interessen

Die zu erwartende negative Prognose muss ferner zu erheblichen Betriebs- ablaufstörungen und zur wirtschaftlichen Beeinträchtigung betrieblicher Interessen in der Zukunft führen. Das Ausmaß dieser Beeinträchtigung hängt beträchtlich von der Tätigkeit und Stellung des zu kündigenden Arbeitnehmers ab.

Unter Betriebsablaufstörungen aufgrund der mangelnden Leistungserbringung des Arbeitnehmers sind z. B. stillstehende oder nicht ausgelastete Maschinen und Anlagen, eine rückgängige Produktion, aber auch die Überlastung von Arbeitspersonal und die Nichterfüllung von Aufträgen zu verstehen. Um Betriebsablaufstörungen kann es sich bereits bei Ausfallzeiten kleiner 6 Wochen pro Jahr handeln. Sie werden aber nur dann akzeptiert, wenn sie trotz geeigneter Überbrückungsmaßnahmen, z. B. vorübergehender Einstellung von Leiharbeitskräften oder der Neuorganisation des Arbeitsablaufs, nicht vermieden werden können. Auch mit Umsetzungen kann überbrückt werden. Eine weitere Möglichkeit kann in der Umgestaltung des Arbeitsplatzes oder der Zuweisung eines leidensgerechten Arbeitsplatzes für den Arbeitnehmer

---

[10] BAG v. 12.4.2002 – 2 AZR 148/01, NZA 2002, 1081 in Bundschuh, P, Thies, K., Die personenbedingte Kündigung, 2007, S. 26

bestehen, den der Arbeitgeber gegebenenfalls auch mit Hilfe seines Direktionsrechtes einrichten kann. Wie bereits im Abschnitt 3.2.1/ Weiterbeschäftigungsmöglichkeiten erwähnt, ist bei personellen Maßnahmen ein im Unternehmen vorhandener Betriebsrat/Personalrat einzubeziehen (§ 99 BetrVG).

Das Vorhalten von Personalreserven dagegen ist freie Unternehmer-entscheidung, „die nur dahingehend der beschränkten Kontrolle der Gerichte unterliegt, ob sie offenbar unsachlich, unvernünftig oder willkürlich ist."[11] Ist die Betriebsablaufstörung festgestellt, so muss sie überdies erheblich sein. Nur schwerwiegende Störungen rechtfertigen die Kündigung.

Die erheblichen wirtschaftlichen Beeinträchtigungen hängen von den künftig mit großer Sicherheit zu erwartenden Kostenbelastungen aufgrund der Leistungsstörung des Arbeitnehmers ab. Dies betrifft z. B. die Mehrauf-wendungen für die Bezahlung von Aushilfskräften oder auch außergewöhnlich hohe Entgeltfortzahlungskosten von mehr als 6 Wochen pro Jahr.

c) Stufe 3: Interessenabwägung

Sprechen die beiden vorgenannten Stufen für die personenbedingte Kündigung, so kommt es zur Interessenabwägung des Einzelfalls. Sie kann jeweils zugunsten des Arbeitnehmers oder Arbeitgebers erfolgen. Die Prüfung nach weiteren Überbrückungsmaßnahmen bezieht sich maßgeblich auf den Arbeitsplatz des betreffenden Arbeitnehmers. Da es keine festen Kriterien gibt, sollte die Abwägung der Interessen von Arbeitgeber und Arbeitnehmer anhand der folgenden Merkmale, die durch Kursivschreibung gekennzeichnet sind, erfolgen

- Die *Dauer des störungsfreien Arbeitsverhältnisses* ist zu berücksichtigen. Je länger der Arbeitnehmer störungsfrei im Unternehmen gearbeitet hat, mit desto längeren zumutbaren Überbrückungsmaßnahmen muss der Arbeitgeber unter Umständen rechnen. Umgekehrt kann eine kurze Betriebszugehörigkeit mit häufigen Erkrankungen zu Lasten des Arbeitnehmers ausgelegt werden.

---

[11] BAG v. 29.7.1993 – 2 AZR 155/93, NZA 1994, 67 in Bundschuh, P., Thies, K., Die personenbedingte Kündigung, 2007, Seite 31

- Ferner kann ein verhältnismäßiges hohes *Alter des Arbeitnehmers* in Verbindung mit einer langen störungsfreien Betriebstätigkeit vom Arbeitgeber größere Rücksichtnahme verlangen - im Gegensatz zu einem jüngeren Arbeitnehmer mit weiterhin erheblich zu erwartenden Arbeitsstörungen.

- Die *soziale Schutzbedürftigkeit des Arbeitnehmers* ist zu untersuchen; Familienstand, Anzahl der Kinder, Unterhaltspflichten, aber auch z. B. eine Behinderung spielen bei der Interessenabwägung eine Rolle.

- Ist ein Arbeitnehmer aufgrund tarif- oder einzelvertraglicher Bestimmungen unkündbar, ist auch eine außerordentliche Kündigung denkbar, „wobei grundsätzlich eine der ordentlichen Kündigungsfrist entsprechende Auslauffrist einzuhalten ist"[12]. Die Interessenabwägung sollte in diesen *Fällen des besonderen Kündigungsschutzes* grundsätzlich zugunsten des Arbeitnehmers erfolgen.

- Bei der Interessenabwägung spielt auch die *Ursache der Leistungsstörung* eine Rolle. Wer hat sie unter Umständen verursacht? So wird ein Arbeitnehmer, der ein gesundheitswidriges Verhalten an den Tag legt, nicht damit rechnen können, dass seine Interessen besondere Berücksichtigung finden. Beruht anderenfalls eine langandauernde Krankheit des Arbeitnehmers auf einem Arbeitsunfall, der durch mangelnde Sicherheitsvorkehrungen des Arbeitgebers verursacht wurde, so kann dies zu Lasten des Arbeitgebers gehen.

- Auch *Schwierigkeiten bei der Personaleinsatzplanung* können von Bedeutung sein. So werden die Interessen des Arbeitgebers bei einer hohen Spezialisierung des betroffenen Arbeitnehmers oder auch bei der Überlastung anderer Arbeitnehmer aufgrund der Leistungsstörung eventuell Berücksichtigung finden.

- Die *Belastbarkeit des Arbeitgebers im Zusammenhang mit* den bereits erwähnten Betriebsablaufstörungen hängt auch von *der Größe des Unternehmens* ab. Bei kleineren Betrieben wird die Entscheidung eher im Sinne des Arbeitgebers ausfallen, da dort z. B. eine Umsetzung schlechter möglich sein kann als in einem größeren Unternehmen.

---

[12] BAG v. 18.10.2000 – 2 AZR 627/99, NZA 2001, 219 in Bundschuh, P., Thies, K., Die personenbedingte Kündigung, 2007, S. 34

- Hält der Arbeitgeber *Vorhaltekosten für die Personalreserve* im angemessenen Maß vor, so kann dies zu seinen Gunsten ausgelegt werden.

- Es ist zu prüfen, inwieweit dem Arbeitgeber *weitere Überbrückungsmaßnahmen zumutbar* sind, vor allem dann, wenn mit einer Behebung der Leistungsstörung des Arbeitnehmers in absehbarer Zeit zu rechnen ist.

3.3 Ausgewählte Kündigungsgründe

Es gibt viele Gründe für eine Kündigung in der Person des Arbeitnehmers. Ein sehr häufiger Grund sind Krankheiten jeglicher Art. Es wird vor allem in vielfach auftretende Kurzerkrankungen, Langzeiterkrankungen, dauerhafte Leistungsunfähigkeit oder auch beträchtliche krankheitsbedingte Leistungsstörungen unterschieden. Bestimmte Grenzwerte als Grundlage für die personenbedingte Kündigung hinsichtlich der Ausfalltage oder Entgeltfortzahlungskosten gibt es nicht; vielmehr ist der Einzelfall entscheidend. In der Literatur wird in krankheits- oder fehlzeitenbedingte Kündigungen untergliedert.[13]

Ein Problem der heutigen Zeit ist die wachsende Drogen- und Alkoholsucht. Die Sucht rechtfertigt den personenbezogenen Anlass; der Arbeitnehmer kann sein Verhalten nicht mehr steuern. Sofern der Arbeitgeber Kenntnis von der Sucht hat, wird er dem Arbeitnehmer auf der Grundlage der Verhältnismäßigkeit die Chance zur Therapie einräumen. Nutzt der Arbeitnehmer diese Möglichkeit, muss der Arbeitgeber in der Regel das Ergebnis dieser Maßnahme abwarten. Nutzt er sie nicht, bricht er sie (schuldhaft) ab oder erleidet er danach einen Rückfall, so ist von einer negativen Prognose auszugehen.[14]

Auf weitere mögliche Gründe konkret einzugehen, würde den Rahmen dieser Arbeit sprengen. Im Folgenden werden deshalb nur weitere ausgewählte Beispiele aufgezählt: fehlende Aufenthalts-/Arbeitsgenehmigung, fehlende Berufsausübungserlaubnis, fehlende Fahrerlaubnis/Fluglizenz, Haft, Beschäftigungsverbot.[15]

---

[13] vgl. Berkowsky, Wilfried, Die personen- und verhaltensbedingte Kündigung, Seiten 61ff.
[14] vgl. Bundschuh, Peter, Thies, Kathrin, Die personenbedingte Kündigung, 2007, Seite 39
[15] vgl. o. V. (Kanzlei Strauß & Volpp), Personenbedingte Kündigung

Die Kündigungsgründe gelten nie pauschal; ausschlaggebend ist immer der Einzelfall des Arbeitnehmers in der entsprechenden betrieblichen/beruflichen Situation. Dabei ist generell anhand der vorgenannten speziellen Grundsätze und Kriterien laut Prüfungsschema vorzugehen, um festzustellen, ob es sich tatsächlich um einen Leistungsmangel in der Person des Arbeitnehmers handelt und die Kündigung gerechtfertigt ist.

3.4 Mögliche Kündigungsarten

Aus den arbeitsrechtlichen Voraussetzungen für personenbedingte Kündigungen geht hervor, dass es sich bei diesen in aller Regel um ordentliche Kündigungen handelt.

Wie bereits im Punkt 3.1 erwähnt, kann aufgrund gesetzlicher, tariflicher, betrieblicher oder einzelvertraglicher Regelungen eine ordentliche Kündigung verboten sein. Hier ist zu prüfen, ob die Möglichkeit besteht, diese ordentlich unkündbaren Arbeitnehmer bei Vorliegen eines wichtigen Grundes außerordentlich, meist unter Zugrundelegung einer sozialen Auslauffrist, zu kündigen. Dieser wichtige personenbedingte Grund kann „insbesondere für häufige langfristige Erkrankungen oder dauernde Leistungsunfähigkeit"[16] gelten.[17] Da es sich hier aber um den Ausnahmefall handelt, wird im Rahmen dieser Arbeit nicht weiter auf die Thematik eingegangen.

In besonderen Fällen kann aber auch der Arbeitnehmer, der keinem besonderen Kündigungsschutz unterliegt, außerordentlich gekündigt werden, wenn dem Arbeitgeber eine weitere Zusammenarbeit nicht mehr zumutbar ist. Außerordentliche Kündigungen unterliegen normalerweise keiner Einteilung in betriebs-, verhaltens- und personenbezogene Gründe. Dennoch hat das Bundesarbeitsgericht einige wenige außerordentliche personenbezogene Kündigungsgründe festgelegt, sofern mildere Mittel nicht greifen. Hier werden konkret „Verkehrsdelikte bei Berufskraftfahrern, insbesondere eine

---

[16] Bundschuh, Peter, Thies, Kathrin, Die personenbedingte Kündigung, 2007, Seite 82
[17] vgl. Bundschuh, Peter, Thies, Kathrin, Die personenbedingte Kündigung, 2007, Seiten 81f.

Trunkenheitsfahrt"[18] sowie „Antreten einer längeren Freiheitsstrafe"[19] genannt.[20] Es gelten die Anforderungen an eine außerordentliche Kündigung (§ 626 BGB). Daneben ist die Änderungskündigung (§ 2 KSchG) möglich. Unterschreitet ein Arbeitnehmer beispielsweise kontinuierlich die vereinbarte Arbeitsleistung erheblich, so hat der Arbeitgeber die Möglichkeit, dem Arbeitnehmer eine niedrigere Vergütung über eine Änderungskündigung anzubieten.[21]

4. Schlussbemerkungen/Fazit

Die Gründe für eine personenbezogene Kündigung können sehr vielseitig sein. Wie zuvor erwähnt, ist für ihre Entscheidung die Einzelfallprüfung unter den jeweils speziellen persönlichen und betrieblichen Voraussetzungen von besonderer Bedeutung. Die anspruchsvollen arbeitsrechtlichen Voraussetzungen unterstreichen die Wichtigkeit des Themas im Allgemeinen und der Prüfung im Speziellen sowie die Schwierigkeit der Materie an sich (Beweisbarkeit). Deren strikte und für den Arbeitgeber zu bewältigende aufwändige Auflagen schützen den Arbeitnehmer bei der personenbedingten Kündigung im ganz besonderen Maße.

Die sorgfältige Prüfung der unter Punkt 3.2 genannten Kriterien ist zudem auch eine Voraussetzung für die Darlegungs- und Beweislast des Arbeitgebers nach Ausspruch der personenbedingten Kündigung im Falle eines Kündigungs-schutzprozesses nach § 1 Absatz 2 Satz 4 KSchG.[22]

Eine Kündigung sollte jedoch der letzte Weg zur Beendigung des Arbeitsverhältnisses sein. Arbeitgeber und Arbeitnehmer werden aufgrund jeweils eigener Interessen bemüht sein, die Kündigung – inklusive ihrer Folgen, z. B. einer Kündigungsschutzklage - zu vermeiden und einen anderen Weg in konstruktiver Zusammenarbeit, gegebenenfalls auch mit Unterstützung des Betriebsrates, zu finden. Hierfür stehen Möglichkeiten und Mittel – z. B.

---

[18] BAG v. 22.8.1963 – 2 AZR 114/63, DB 1963, 1580 in Bundschuh, P., Thies, K., Die personenbedingte Kündigung, 2007, Seite 81
[19] BAG v. 9.3.1995 – 2 AZR 497/94, NZA 1995, 777 in Bundschuh, P., Thies, K., Die personenbedingte Kündigung, 2007, Seite 81
[20] vgl. Bundschuh, Peter, Thies, Kathrin, Die personenbedingte Kündigung, 2007, Seiten 80f.
[21] vgl. Bundschuh, Peter, Thies, Kathrin, Die personenbedingte Kündigung, 2007, Seite 85
[22] vgl. Bundschuh, Peter, Thies, Kathrin, Die personenbedingte Kündigung, 2007, Seiten 75ff.

Therapien, Weiterbildungen, Umsetzungen - zur Verfügung. Ist eine Beendigung des Arbeitsverhältnisses aber unvermeidbar, so sind auch einvernehmliche Lösungen, z. B. durch Aufhebungsvertrag mit eventueller Abfindung und/oder Unterstützung des Arbeitgebers bei neuer Arbeitssuche (z. B. über Outplacement) möglich. Ein guter Mittelweg zwischen Arbeitsvertragsbeendigung und neuer Arbeitsplatzsuche kann auch im Angebot einer personenbedingten Änderungskündigung bestehen.

Dennoch ist eine personenbezogene Kündigung nicht immer zu umgehen und kann für den Arbeitgeber manchmal der einzig mögliche Weg sein, auf die durch den Arbeitnehmer verursachte mangelnde und dauerhaft das Unternehmen schädigende Vertragserfüllung zu reagieren, um so (weiteren) betrieblichen Schäden vorzubeugen. Dies stellt Zweck und Ziel der personenbedingten Kündigung dar. Erwähnt werden sollte noch einmal, dass vor Ausspruch der Kündigung die Anhörung des Betriebsrates/Personalrates (sofern vorhanden) für die Wirksamkeit der Kündigung erfolgen muss.

Literaturverzeichnis

Im Text wird ausschließlich mit Kurztiteln zitiert. Diese sind in der nachfolgenden Literaturaufstellung durch Unterstreichen gekennzeichnet.

Berkowsky, Wilfried,

Die personen- und verhaltensbedingte Kündigung unter Berücksichtigung des Betriebsverfassungsrechts und des Arbeitsgerichtsverfahrens, 4. Auflage, München, 2005

Büdenbender, Ulrich, Strutz, Hans,

Gabler Kompakt-Lexikon Personal A - Z 2. Auflage, Wiesbaden, 2005

Bundschuh, Peter, Thies, Kathrin,

Die personenbedingte Kündigung, 1. Auflage, Münster, 2007

Richardi, Reinhard,

Arbeitsgesetze, 60. Auflage, München, 2002

QUELLENVERZEICHNIS

Lehre, Lars,

Beendigung des Arbeitsverhältnisses,

http://www.jurawelt.com/studenten/skripten/zivr/1855, Abrufdatum: 09.09.2008, Ausdruckdatum: 09.09.2008

o. V. (Kanzlei Strauß & Volpp),

Personenbedingte Kündigung, http://www.straussundvolpp.de/arbeit06.html, Abrufdatum: 10.09.2008, Ausdruckdatum: 10.09.2008

o. V. (Kanzlei Sturm & Kollegen),

Die personenbedingte Kündigung,

http://www.anwalt-in-hildesheim.de/html/personenbedingte_kundigung.html, Abrufdatum: 10.09.2008, Ausdruckdatum: 10.09.2008